1

3

4

5

BLANK PAGE

6

7

BLANK PAGE

9

BLANK PAGE

13

BLANK PAGE

14

15

BLANK PAGE

16

17

BLANK PAGE

18

19

BLANK PAGE

20

BLANK PAGE

23

BLANK PAGE

24

25

BLANK PAGE

26

BLANK PAGE

28

BLANK PAGE

BLANK PAGE

32

33

BLANK PAGE

35

BLANK PAGE

BLANK PAGE

40

BLANK PAGE

42

43

BLANK PAGE

44

45

BLANK PAGE

47

BLANK PAGE

49

BLANK PAGE

50

51

BLANK PAGE

52

53

BLANK PAGE

54

55

BLANK PAGE

BLANK PAGE

BLANK PAGE

60

61

BLANK PAGE

63

BLANK PAGE

BLANK PAGE

BLANK PAGE

69

BLANK PAGE

71

BLANK PAGE

73

BLANK PAGE

74

75

BLANK PAGE

76

BLANK PAGE

79

BLANK PAGE

80

81

BLANK PAGE

83

BLANK PAGE

84

87

BLANK PAGE

BLANK PAGE

93

BLANK PAGE

94

95

BLANK PAGE

BLANK PAGE

BLANK PAGE